Marlène Thomas

Défense d'entrer !

Ernst Klett Verlag
Stuttgart Düsseldorf Leipzig

Table des matières

Préface	3
Avant la lecture	4
1 Un long voyage	5
2 Arrivée à Nîmes	6
3 Tour de ville	6
4 En route	7
5 Pique-nique	8
6 La marchande de glaces	9
7 Propriété privée	10
8 Mais où est Nouba ?	10
9 La mauvaise blague	11
10 Bonne nouvelle !	12
11 Dans la grotte	13
12 Une découverte	14
13 Encore une découverte	15
14 Qui a la lampe ?	16
15 Attention, danger !	16
16 Bruits bizarres…	18
17 Les voleurs !	18
18 Quelle surprise !	19
19 « Tout est bien qui finit bien. »	20
Pendant la lecture	21
Après la lecture	24

1. Auflage 1 9 8 7 6 5 | 2014 2013 2012 2011 2010

Alle Drucke dieser Auflage können im Unterricht nebeneinander benutzt werden, sie sind untereinander unverändert. Die letzte Zahl bezeichnet das Jahr dieses Druckes.
© Ernst Klett Verlag GmbH, Stuttgart 2004.
Alle Rechte vorbehalten.
Internetadresse: www.klett.de

Illustration: S. 10: Sepp Buchegger, Tübingen.
Umschlag: Sabine Koch, Stuttgart.
Fotos: S. 7: Corbis (Nik Wheeler), Düsseldorf; S. 8: Picture-Alliance (OKAPIA KG, Germany), Frankfurt.
Druck: medienHaus plump GmbH, Rheinbreitbach
Printed in Germany.
ISBN 3-12-591852-9

Liebe Schülerinnen und Schüler!

Lesen sollte vor allem Spaß machen. Deswegen findet ihr in *Défense d'entrer!* nicht nur ein spannendes Thema, sondern ihr werdet auch einen lebendigen Einblick in den Alltag französischer Jugendlicher erhalten.

Ihr werdet feststellen, dass die Sprache in dieser Geschichte anders klingt als die, der ihr im Lehrbuch begegnet seid. Französische Jugendliche benutzen nämlich gerne das *français familier*, die Umgangssprache. So auch Amélie, Linda und ihre Freunde, die Helden dieser Geschichte: sie sagen z. B. *nase* anstelle von *bête* (S. 6), *La ferme!* statt *Tais-toi!* (S. 14).

Hier sind ein paar typische Merkmale des *français familier*:

- Vokale werden oft verschluckt: z. B. *t'as du fric* statt *tu as du fric* (S. 9).
- Bei Verneinungen fällt das *ne* oft weg: anstelle von *je n'aime pas l'eau* heißt es *j'aime pas l'eau* (S. 9); für *ne parlez pas* steht *parlez pas* (S. 11).
- Jugendliche mögen gerne Abkürzungen: sie verwenden z. B. *dac* für *d'accord* (S. 6) oder *pro* anstelle von *professionnel* (S. 17).
- Jugendliche übertreiben manchmal in ihrer Ausdrucksweise: sie sagen z. B. *c'est vachement rigolo* (S. 5) oder *il est complètement cinglé* (S. 11).

Wir wünschen euch viel Spaß mit *Défense d'entrer*!

Avant la lecture

1. Couverture *(Umschlag)*

Regardez la couverture.
a) Qu'est-ce que vous voyez ? Décrivez l'image.
b) Un élément est très important. Lequel *(Welches)* ?
   Vous devinez pourquoi ?
c) Aimez-vous cette image ? Pourquoi/Pourquoi pas ?

2. Titre

a) Quand vous lisez le titre, vous pensez à quoi ?
b) Imaginez l'histoire : Qu'est-ce qu'il va se passer ?
   Faites des propositions.

3. Quatrième de couverture

Lisez le texte au dos du livre *(Rückentext)*.
a) Faites un résumé de l'histoire.
b) Vous avez maintenant plus d'informations (titre, texte au dos du livre).
   Vous pouvez imaginer la suite de l'histoire ?

Le 27 juin. Les vacances d'été commencent. Dans le Renault Trafic de madame Carbonne, il y a sa fille Emma avec ses amis : Malika, Thomas, Victor et Christian. Ils vont à Nîmes pour voir la famille Laroche : Georges, le frère de Mme Carbonne, sa femme Magali et leurs deux filles, Amélie, 13 ans, et Linda, 7 ans.
M. Carbonne va avec Manon et Valentin en Bretagne.

1 Un long voyage

Sur l'autoroute.
CHRISTIAN : Regardez la voiture ! Ils sont fous, ces Français ! Echt verrückt !
THOMAS : Echterugt ? C'est drôle, l'allemand.
CHRISTIAN : Oh toi, tu parles allemand comme une vache espagnole !
THOMAS : Ah, ah, ah ! C'est vachement rigolo !
EMMA : Maman, c'est long, le voyage… On arrive bientôt ?
A. CARBONNE : Oui, ma chérie.
MALIKA : Madame Carbonne, j'ai envie d'aller aux toilettes, on peut s'arrêter ?
A. CARBONNE : On arrive bientôt, mais bon… d'accord. Voilà un parking. Emma, téléphone à tes cousines et dis qu'on arrive dans vingt minutes.
LINDA : Allô ?
EMMA : Salut Linda, c'est Emma à l'appareil. On arrive dans vingt minutes.
LINDA : Super ! Je suis bien contente. *A voix basse.* Tu sais, on a une surprise. On a un petit chien ; c'est un teckel.
EMMA : Génial ! Il s'appelle comment ?
LINDA : Nouba.
EMMA : Nouba ? C'est mignon. Il a quel âge ?
LINDA : Six mois. Il est trop drôle. Tu dis rien aux autres, OK ?

---

14 **vachement** *fam* très – **rigolo** *fam* drôle – 16 **mon/ma chéri,e** mein Schatz – 20 **un parking** Parkplatz – 25 **à voix** *f* **basse** leise – 26 **un teckel** Dackel – 29 **mignon,ne** niedlich

EMMA : Dac, à tout de suite. *Elle est excitée.* Maman, Maman, Linda et Amélie ont un petit chien.
A. CARBONNE : Chouette ! J'adore les chiens ! Ah, voilà Malika. Allez, montez, on y va !

2   Arrivée à Nîmes

5 *Ils arrivent à Nîmes devant la maison des Laroche. Amélie et Linda ouvrent la porte. Nouba est là aussi.*
EMMA : Oh, bonjour, Nouba, bonjour mon chien !
AMÉLIE : Comment tu sais qu'il s'appelle Nouba ?
EMMA : Euh… euh… c'est… c'est Linda.
10 AMÉLIE : Bravo Linda ! Une vraie surprise ! T'es nase.
A. CARBONNE : Bonjour, Amélie ; bonjour, Linda !
AMÉLIE ET LINDA : Oh, bonjour, Tata. *Elles se font la bise.* Tu vas bien ?
A. CARBONNE : Oui, oui, très bien. *Elle fait les présentations.*
15 M. LAROCHE : Venez prendre l'apéritif sur la terrasse. Comme sirops, j'ai anis et citron.
G. LAROCHE : Annie, tu bois un pastis avec nous ?
A. CARBONNE : Non, merci, pas d'alcool. Je veux bien un sirop aussi. Avec de l'eau fraîche.
20 G. LAROCHE : On boit à votre santé !
TOUS : A la vôtre ! A la vôtre ! A la vôtre !

3   Tour de ville

Après le repas, Georges veut sortir avec les enfants.
G. LAROCHE : Salut, on va faire un tour de ville.
A. CARBONNE : OK, moi je reste ici et j'aide un peu Magali.
25 M. LAROCHE : Dis, qu'est-ce que vous faites demain ?

---

1 **Dac** D'accord – **excité,e** aufgeregt – 3 **Chouette !** Super! – 10 **nase** *fam* bête – 12 **Tata** tante – 14 **faire les présentations** *f* vorstellen – 19 **frais, fraîche** froid – 20 **A votre santé !** Prost! – 21 **tous** alle – **A la vôtre !** A votre santé ! – **un tour** *ici*: Rundgang – 22 **sortir** ausgehen

A. Carbonne : On va pique-niquer au pont du Gard. On peut prendre Amélie et Linda avec nous ?
M. Laroche : Ben oui. N'oublie pas Nouba, il va être content.
A. Carbonne : Alors, quoi de neuf chez vous ?
M. Laroche : Oh, tu sais, ton frère, il…

Pendant ce temps, Georges va au centre-ville avec les enfants. Nîmes est une jolie ville romaine, avec un grand amphithéâtre (« Les arènes »), deux temples (« La Maison Carrée » et « Le Temple de Diane »), une tour (« La Tour Magne »), des thermes et deux portes. Pendant la Féria, on joue avec les taureaux dans la rue et dans les arènes.

4 En route

Le lendemain matin, les Laroche sont au travail ; Mme Carbonne prépare les affaires pour la journée.
A. Carbonne : La crème solaire, les maillots de bain, les casquettes et les serviettes. Voilà ! *Elle entre dans la chambre où les enfants dorment.* Quel bazar ici ! Allez, les enfants, on y va !
Les enfants : Mmmmmmmmmm……

---

1 **un pont** Brücke – **le Gard** Fluss in Südfrankreich – 4 **Quoi de neuf ?** Was gibt es Neues? – 7 **romain,e** römisch – 10 **une porte** *ici:* Tor – **la Féria** Volksfest in Nîmes – **En route !** Los! –14 **la crème solaire** Sonnencreme – **un maillot de bain** Badeanzug/-hose – 15 **une casquette** Kappe – 16 **le bazar** *fam* Unordnung

A. Carbonne : Bande de feignants ! Hop, et que ça saute !
Thomas : Dur, dur.
Victor : Fais pas la gueule, aujourd'hui on va à la campagne.
Linda : Atchoum ! Je suis enrhumée.
5 A. Carbonne : Ce n'est pas grave. Allez, buvez un chocolat, et en voiture ! N'oubliez pas Nouba !

5 Pique-nique

Quinze minutes après, ils arrivent au pont du Gard, un aqueduc romain avec 52 arches.

Christian : Il est gigantesque… et vachement beau !
10 Amélie : Et il a deux mille ans.
A. Carbonne : Oui, c'est un monument unique. Il est classé au patrimoine mondial de l'humanité de l'UNESCO.
Thomas : Cool ! Dites, maintenant, on peut se baigner ?

Thomas est assis sur la rive avec Malika. Il regarde Amélie en
15 *maillot de bain. Il aime bien Amélie.*
Thomas : Wow, pas mal… !

---

1 **feignant,e** *fam* faul – **Et que ça saute !** Et faites vite ! – 2 **dur, dur** *fam ici:* ganz schön hart – 3 **faire la gueule** *fam* maulen – 5 **un chocolat** *ici:* Kakao – 8 **une arche** Bogen – 9 **beau, belle** schön – 11 **unique** einzigartig – 12 **le patrimoine mondial de l'humanité de l'UNESCO** Weltkulturerbe der UNESCO – 13 **se baigner** baden

AMÉLIE : Espèce de dragueur !
CHRISTIAN : Venez dans l'eau, elle est super ! Et très claire.
Christian éclabousse Malika.
MALIKA : Oh, la vache ! Non, au secours ! J'aime pas l'eau.
THOMAS : T'es une poule mouillée !
MALIKA : T'es bête ! *Malika éclabousse Thomas.* Tiens !
AMÉLIE : Arrêtez votre cinéma ! Moi, j'ai une faim de loup.
TOUS : Moi aussi, moi aussi. *Ils pique-niquent.*
CHRISTIAN : Moi, je voudrais bien une glace. Madame Carbonne, on peut acheter une glace ?
A. CARBONNE : Pourquoi pas ? Il y a un kiosque près d'ici.
EMMA : Maman, t'as du fric ?
A. CARBONNE : Quelle question ! *Elle donne le porte-monnaie à sa fille.* Tiens, dix euros. Tu paies pour tout le monde.

6 La marchande de glaces

MARCHANDE : C'est à qui ?
CHRISTIAN : C'est à moi.
MARCHANDE : Vous désirez ?
CHRISTIAN : Huit glaces, s'il vous plaît : quatre au chocolat, trois à la vanille et une au citron.
MARCHANDE : Voilà, et avec ça ?
CHRISTIAN : C'est tout. Ça fait combien ?
MARCHANDE : Euh, attendez. 1,15 euro pour une glace. Ça fait 8 euros et euh… 75… 80… non… 90…
VICTOR *donne les glaces aux autres* : Zut, elles fondent.
MARCHANDE : … Euh… Ça fait 9 euros et 20 centimes !
LINDA *rigole* : Elle sait pas compter, la marchande.
Les enfants portent la glace à Mme Carbonne.
MALIKA : Elle est jolie, la campagne ici. Le rêve !

---

1 **espèce de… !** *fam* Was für… / So ein(e)… – **un,e dragueur, -euse** Bagger – 3 **éclabousser** bespritzen – 4 **Oh, la vache !** *ici:* Du Blödmann! – 5 **une poule mouillée** *fam* Angsthase – 6 **Tiens !** *ici:* Hier! – 7 **avoir une faim de loup** einen Bärenhunger haben – 9 **une glace** Eis – 12 **le fric** *fam* Knete – 14 **tout le monde** alle – **un,e marchand,e** Verkäufer(in) – 24 **fondre** schmelzen

EMMA : Comme dans un film. Allez les copains, on va faire un tour. Maman, tu restes là ?
A. CARBONNE : Oui, oui, je suis bien ici. Prenez vos casquettes et vos sacs à dos. Et surtout ne faites pas de bêtises !

7 Propriété privée

5 *Les enfants commencent la promenade.*
MALIKA : Oh, regardez, une affiche ! Linda, tu lis quoi, là ?
LINDA : Res-pec-tez la na-tu-re.
MALIKA : Bravo. C'est presque comme notre affiche, hein, Christian ? Incroyable !
10 *Nouba est content. Il joue avec un petit oiseau.*
VICTOR : Encore une affiche !

LINDA : Qu'est-ce que c'est « Propriété privée » ?
VICTOR : T'as pas le droit d'entrer ici.
AMÉLIE, *tout à coup* : Nouba ? Où est Nouba ?
15 CHRISTIAN : Il est là, dans la propriété privée !
TOUS : Nouba, Nouba…
Tous sifflent et appellent, mais Nouba ne répond pas…

8 Mais où est Nouba ?

AMÉLIE : Quel malheur ! Où est notre Nouba ?
VICTOR : Pas de panique, on va faire trois groupes. Amélie,
20 Linda et Christian, vous prenez ce chemin à gauche. Thomas et Malika, vous allez à droite et vous cherchez derrière les arbres. Emma et moi, on va tout droit.

---

4 **une bêtise** Dummheit – **une propriété privée** privates Grundstück – 8 **presque** fast – 9 **incroyable** unglaublich – **Défense d'entrer** Zutritt verboten – 13 **un droit** Recht – 17 **siffler** pfeifen – **appeler** rufen

AMÉLIE : Mais sur l'affiche, on lit « Défense d'entrer » !
VICTOR : Patate ! Comment tu veux trouver Nouba, alors ? Il est peut-être en danger !
AMÉLIE : C'est vrai ! Rendez-vous ici dans dix minutes.
CHRISTIAN : Un rendez-vous ? Tu es amoureuse ?
VICTOR : Non, « rendez-vous » en français, c'est différent.
CHRISTIAN : Ouf !
Dix minutes après…
VICTOR : Alors ? Nous, on trouve rien.
1ER GROUPE, *triste* : Rien.
MALIKA : Nous, on entend un petit bruit dans un trou. Mais on sait pas si c'est Nouba.
LINDA, *excitée* : C'est peut-être un loup. Il est où, le trou ?

9 La mauvaise blague

Amélie arrive la première devant le trou.
AMÉLIE : On voit rien. Quelle catastrophe !
EMMA : Chut, parlez pas ! *Silence.*
AMÉLIE : Vous entendez quelque chose ?
TOUS : Non, rien.
AMÉLIE : Qu'est-ce qu'on va dire aux parents ?
Amélie et Linda pleurent. Les deux sœurs sont très tristes.
MALIKA : Pleurez pas, on va vous aider.
LINDA : Notre Nouba, il est où, maintenant ?
Elle va regarder encore une fois dans le trou. Alors Thomas veut faire une blague : il veut faire peur à Linda. Il crie et bouscule Linda qui perd l'équilibre et tombe dans le trou.
VICTOR, *très en colère* : Thomas, ça va pas la tête ? T'es barje ou quoi ? Il est complètement cinglé, ce mec !
Thomas rougit comme une tomate. Il a honte.
TOUS : Linda ! Linda ! Réponds ! Où es-tu ?

---

2 **patate** *f* ! *fam* Du Dummi! – 3 **un danger** Gefahr – 5 **amoureux, -euse** verliebt – 13 **un loup** Wolf – **une blague** *fam* Scherz – 20 **pleurer** weinen – 25 **perdre** verlieren – **l'équilibre** *m* Gleichgewicht – 26 **barje** *fam* fou – 27 **cinglé,e** *fam* fou – **un mec** *fam* Typ – 28 **rougir** erröten – **avoir honte** sich schämen

10   Bonne nouvelle !

Pas de réponse. Une minute après (c'est long une minute quand on attend), ils entendent Linda.
LINDA : Aïe. Aïe, aïe, ma tête.
AMÉLIE : Linda ? Où es-tu ? Ça va ?
LINDA : Je sais pas. C'est tout noir, ici. J'ai peur. *Elle crie.*
CHRISTIAN : Qu'est-ce qu'il y a ?
EMMA : Pourquoi est-ce que tu cries ? *Silence.*
LINDA : Je… Je… Nouba… Nouba, il est là, devant moi.
AMÉLIE : C'est vrai ? Youpi, on sait où il est !
LINDA : … mais il bouge pas. Il dit rien. *Elle pleure.*
MALIKA : Linda, est-ce qu'il respire ? *Silence.*
LINDA : Euh, oui. Il respire encore.
CHRISTIAN : Ouf ! *Thomas dit quelque chose à Christian.* Linda, Thomas demande si on va chercher un médecin.
LINDA : Non, non, ça va. Dis à Thomas que c'est une sacrée vacherie et que c'est pas malin.
THOMAS *a honte* : Je sais. Pardon, Linda.
LINDA : Mais comme ça, on sait où est Nouba ! Euh… qu'est-ce que je fais maintenant ?
VICTOR : Tu peux grimper ?
LINDA : Non, c'est impossible.
THOMAS : Impossible n'est pas français.
EMMA, *énervée* : La ferme, Thomas ! Aidons Linda.
VICTOR : Pas de problème, on a les serviettes dans les sacs.
AMÉLIE : Et alors ?
VICTOR : Je fais une corde avec nos serviettes et après, je descends.
AMÉLIE : Tu sais faire de l'escalade ?
VICTOR : Oui, tu vas voir. Linda, attention, j'arrive !
EMMA: Attends, Maman met toujours une lampe de poche dans le sac. *Elle cherche.* Tiens !

---

une nouvelle Nachricht – 3 **aïe !** Au! – **une tête** Kopf – 9 **Youpi !** Juhu! – 11 **respirer** atmen – 15 **une sacrée vacherie** *fam* übler Streich – 16 **malin** schlau – 22 **Impossible n'est pas français** Nichts ist unmöglich – 23 **énervé,e** genervt – **La ferme !** *fam* Halt den Mund! – 30 **une lampe de poche** *f* Taschenlampe

VICTOR : Merci. *Victor descend.* C'est pas comme au gymnase, ici. Ça va, Linda ?
Il éclaire à droite et à gauche avec la lampe.
VICTOR : C'est vachement grand ! J'hallucine ! C'est une grotte ! Reste là, Linda, je vais raconter ça aux autres. 5

11 Dans la grotte

Victor arrive en haut, très excité.
VICTOR : Hé ! En bas, il y a une grotte, une vraie grotte !
EMMA: Mon œil !
THOMAS : Ouais, c'est ça, et puis quoi, encore ?
VICTOR : Promis, juré ! Descendez, vous allez voir ! 10
AMÉLIE : C'est peut-être vrai. Il y a beaucoup de grottes près d'ici. Alors, pourquoi pas ?
Ils descendent.
EMMA : Regardez, il y a des stalactites et des stalagmites.
LINDA : C'est quoi, des stadagtites et des stamagmites ? 15
VICTOR : Ecoute bien : les stalac**t**ites **t**ombent et les stalag**m**ites **m**ontent.
LINDA : Ah oui, c'est facile : -tites tombent et -mites montent. Elles sont grandes !
MALIKA : Et elles ont des formes très drôles ! Là, un bison. 20
AMÉLIE : Et là, un mammouth.
CHRISTIAN: Ici, c'est comme un crocodile !
THOMAS : Et là, il y a un squelette...
TOUS : Un squelette ?
THOMAS : Hi, hi, hi, c'est une blague. Y'a pas de squelette ici, 25 mais y'a des fantômes... oohh !
Les enfants jouent aux fantômes et ils rigolent beaucoup.
EMMA : Arrêtez ! Je veux téléphoner à ma mère. Elle sait pas où on est... Thomas, t'as ton portable ?
THOMAS : Tiens, voilà. 30

---

1 **descendre** ≠ monter – 3 **éclairer** beleuchten – 4 **halluciner** *ici:* rêver – 5 **une grotte** Höhle – 8 **Mon œil !** *fam* Das glaube ich nicht! – 9 **ouais** *fam* oui – 10 **Promis, juré !** Versprochen!

13

Le portable ne fonctionne pas dans la grotte. Zut !
THOMAS : Sorry, Emma, c'est impossible ici. Laisse béton.
MALIKA : Je suis crevée, je veux dormir.
TOUS : Moi aussi.
Les enfants dorment. Mais Thomas et Amélie sont trop excités. Ils prennent la lampe de poche, et…

12 Une découverte

AMÉLIE : Thomas, il y a un passage ici.
THOMAS : Tu peux entrer ?
AMÉLIE : Oui, mais c'est petit et c'est pas facile. J'ai un peu peur. Je sais pas où il va, le passage.
THOMAS : On s'en fiche ! Arrête de râler, c'est l'aventure !
Amélie et Thomas avancent sur le ventre. Il y a de l'eau dans le passage, et peu de place.
AMÉLIE : Beurk, c'est dégueulasse ici.
THOMAS : C'est normal dans une grotte.
Ils continuent. Ils arrivent dans une grande pièce.
AMÉLIE : Ouf, un peu de place. Elle est grande, cette pièce !

Ils prennent un chemin à droite, puis font une pause.
THOMAS : Je t'aime bien, tu sais.
AMÉLIE : Oui, je sais. Mais moi…
THOMAS : Moi quoi ?
AMÉLIE : Moi, je trouve que tu fais trop de bêtises.
THOMAS : Je suis cool. Comme ça, la vie, elle est plus marrante.
Il veut embrasser Amélie, mais elle tourne la tête.
AMÉLIE : Oh ! Regarde ! Un collier ! *Elle ramasse un collier par terre.* Il est en or !

---

2 **Laisse béton !** (= tomber) *verlan* Vergiss es! – 3 **crevé,e** sehr müde – **dormir** schlafen – 5 **ils dorment** sie schlafen – 7 **un passage** Durchgang – 11 **On s'en fiche !** *fam* Es ist uns egal! – **râler** *fam* motzen – **une aventure** Abenteuer – 12 **avancer** vorangehen – **le ventre** Bauch – 14 **beurk** igitt – **dégueulasse** *fam* très sale – 23 **marrant,e** *fam* drôle – 24 **embrasser** küssen – 25 **un collier** Halskette – 26 **par terre** *ici:* vom Boden – **l'or** *m* Gold

THOMAS : Un collier en or ? Ici ? ? ? C'est pas possible !
AMÉLIE : Et là, regarde, une montre, une montre en or !
THOMAS : Oh là là. Je suis riche !
AMÉLIE : T'es bête. Ce sont pas tes bijoux. Mais, qu'est-ce qu'ils font là, ces bijoux ?
THOMAS : Euh, il y a peut-être des voleurs dans la grotte…
AMÉLIE : Et ils sont peut-être là en ce moment…
THOMAS : Tu parles ! On entend rien ! T'hallucines…
AMÉLIE : Mais non, c'est leur cachette ici, et il y a un trésor.
THOMAS : Alors, cherchons le trésor. Regarde bien.
La pièce est un peu noire. Thomas glisse et tombe. Il crie…

13 Encore une découverte

THOMAS : Aah ! Quelle horreur !
AMÉLIE : Thomas, Thomas, où es-tu ?
THOMAS : Je sais pas. Mais il y a beaucoup, beaucoup d'eau ici. Viens, s'il te plaît !
Avec la lampe, Amélie trouve Thomas.
AMÉLIE : Oh, une rivière, une rivière souterraine ! Cool !
THOMAS : Donne-moi la lampe. *Il éclaire une petite galerie.* Hé, Amélie ! Qu'est-ce que c'est, ça, là ?
AMÉLIE : Un coffre ! Ouvre vite !
THOMAS : Ça alors ! Des bijoux, des tas de bijoux !
AMÉLIE : Thomas, il y a encore un coffre, là.
Elle ouvre le coffre. Thomas siffle.
THOMAS : Oh, du matériel vidéo high-tech : des caméras et des appareils photo. C'est quoi tout ça ?
AMÉLIE : Euh… je sais. Ces voleurs sont spécialisés dans les bijoux et dans le matériel vidéo.
THOMAS : Allons vite dire ça aux autres. Ils savent pas qu'on est ici.

---

2 **une montre** Armbanduhr – 3 **riche** reich – 4 **des bijoux** *m* Schmuck – 8 **Tu parles !** *fam* Was du nicht sagst! – 9 **une cachette** Versteck – **un trésor** Schatz – 11 **glisser** ausrutschen – 15 **venir** kommen – 17 **une rivière** Fluss – **souterrain,e** unterirdisch – 20 **un coffre** Truhe – 21 **Ça alors !** Na sowas! – 21 **des tas de** + *nom* Massen von

AMÉLIE : Dac, on y va.
AMÉLIE, *pendant le retour dans le passage* : Thomas, j'ai vraiment la pétoche. Les voleurs vont peut-être arriver…

14 Qui a la lampe ?

Peu après, les autres ouvrent les yeux. Ils ne trouvent pas la lampe. C'est tout noir.
VICTOR : Qui a la lampe ? Hé, les filles, c'est vous ?
EMMA ET MALIKA : Non.
MALIKA : Thomas, t'as la lampe ? Réponds ! Ah, tu fais encore une blague ? Tu dors ou quoi ? *Elle crie :* THO-MAS ! *Silence.* Arrête de faire l'idiot, dis que t'as la lampe !
LINDA : Amélie, t'es où ? *Pas de réponse.*
CHRISTIAN : C'est bizarre…
LINDA : Moi, j'ai peur. Je sais pas où est ma sœur. Y'a peut-être un monstre dans la grotte. *Elle pleure.*
VICTOR : Linda, les monstres, ça existe pas.
LINDA : Alors, elle est où, ma sœur ? Pourquoi est-ce qu'elle répond pas ? La… la… la lumière !

15 Attention, danger !

VICTOR, *en colère* : Thomas ? Amélie ? Vous êtes fous ? Vous pouvez pas dire que vous partez ? C'est quoi, ce trafic ?
AMÉLIE : C'est…
VICTOR : Nous, on cherche, on appelle, on crie… pas de réponse. Vous êtes barjes ou quoi ?
AMÉLIE : C'est que…
LINDA : Dans le noir, c'est pas drôle, vous savez !
AMÉLIE : Nous, on…
VICTOR : Vous êtes franchement gonflés. Et sales, en plus !

---

3 **la pétoche** *fam* la peur – 4 **un oeil, des yeux** Auge(n) – 9 **tu dors** du schläfst – **un danger** Gefahr – 19 **le trafic** *fam ici:* une histoire – 26 **franchement** wirklich – **gonflé,e** *fam ici:* dreist

AMÉLIE, *excitée* : La ferme ! Laisse-moi parler ! Il y a peut-être des voleurs dans la grotte.
TOUS : Hein ? ? ? Des voleurs ?
AMÉLIE : Regardez ! Un collier et une montre en or !
THOMAS : Y'a un trésor dans la grotte : un coffre avec des bijoux et un autre avec du matériel vidéo.
VICTOR : Alors, ici, c'est la cachette des voleurs ?
AMÉLIE : Ouais. Et ils vont peut-être bientôt chercher leur butin…
THOMAS : … et puis ils vont vendre les bijoux.
VICTOR : Faisons vite : on va trouver le butin et après, on va raconter notre histoire à la police.
Ils traversent le passage où il y a l'eau. Ils arrivent, sales, dans la grande pièce. Ils prennent le chemin à droite.
THOMAS : Faites attention, et surtout, ne glissez pas. Voilà la rivière. Oh là là, l'eau monte un peu. C'est dangereux…
VICTOR : Alors, faites vite. Il est où, le trésor ?
AMÉLIE : Là, dans la galerie.
MALIKA *ouvre le premier coffre* : Oh là là ! Regardez ça !
TOUS : Magnifique !
EMMA : Voilà l'autre coffre. *Elle siffle.* Non, pas possible, le matériel, c'est pour des pros !
CHRISTIAN : Alors, qu'est-ce qu'on fait ?
VICTOR : J'ai une idée. Emma, tu prends une caméra et tu filmes les deux coffres. Le film, c'est pour la police.
CHRISTIAN : Génial ! Comme ça, la police peut pas dire que notre histoire est pas vraie ! Allez, Emma, vas-y !
LINDA : Thomas, tu peux écrire un texto à la police ?
THOMAS : Ben non, mon portable fonctionne pas ici.
A ce moment, ils entendent un bruit. Un bruit d'eau…
AMÉLIE : C'est les voleurs !
VICTOR : Trouillarde ! Mais non, c'est l'eau ! C'est normal, dans les grottes, elle monte et elle descend.

---

1 **laisse-moi** lass mich – 3 **Hein ?** Was? – 5 **Y'a** *fam* il y a – 9 **un butin** Beute – 16 **dangereux,-euse** → un danger – 20 **magnifique** wunderschön – 22 **un pro(fessionnel)** Profi – 27 **Vas-y !** *ici:* Fang an! – 28 **tu peux** du kannst – **un texto** SMS – 31 **un,e trouillard,e** *fam* Angsthase

MALIKA : Mais regarde, elle monte, elle monte…
CHRISTIAN : Notre passage… on peut plus traverser !

16 Bruits bizarres…

MALIKA : Quelle cata ! Je veux pas rester ici ! J'ai peur.
LINDA : Nouba, pourquoi tu bouges comme ça ?
5 *Maintenant, le bruit approche.*
CHRISTIAN : Ces bruits, ils sont bizarres.
THOMAS *joue au fantôme* : Ooh… Oohh ! *Il rigole.*
AMÉLIE : Chut, imbécile, tu comprends rien !
Ils écoutent. Le bruit approche encore. Nouba est énervé.
10 VICTOR : C'est les voleurs qui arrivent.
LINDA : Qu'est-ce qu'ils vont faire avec nous ?
VICTOR : La ferme, Linda !
Le bruit approche toujours. Ils ont très peur.
EMMA : C'est un bruit de rames.
15 CHRISTIAN : Ils sont sur la rivière, ils arrivent en bateau.
VICTOR : J'entends des hommes parler. Allez vite derrière les stalagmites, là. Moi je reste ici et je regarde.
CHRISTIAN : Ils sont combien ?
VICTOR : Attends… Il y a trois hommes dans le bateau.
20 THOMAS: Qu'est-ce qu'ils disent ?

17 Les voleurs !

Victor n'entend pas bien mais il comprend quelques mots.
HOMME 1 : … la policía… el número… la radio
HOMME 2 : … el inspector… la lista… el detective privado…
VICTOR : Ils parlent espagnol !
25 HOMME 3 : Mist ! … Problem… Kamera… Apparat…
VICTOR : Et allemand !

---

3 **une cata** *fam* une catastrophe – 5 **approcher** sich nähern – 8 **imbécile** *fam* idiot –
14 **une rame** Ruder – 15 **un bateau** Boot – 21 **quelques** einige

Les enfants restent sans bouger, ils ne parlent plus. Ils ont tous très peur. Victor va aussi derrière les stalagmites. Maintenant, les voleurs sont très, très près. Ils quittent le bateau et vont chercher les deux coffres.
Homme 3 : Was ? Meine Truhe ist offen? Mon coffre !
Homme 2 : Mon coffre aussi ! Mes bijoux !
Homme 1 : Il y a quelqu'un ici ? Des voleurs ? ? ? Allumons un projecteur ! Rápido !
Ils éclairent la grotte avec le projecteur et cherchent un moment. Linda est morte de peur et…
Linda : Atchoum !

18 Quelle surprise !

Les hommes entendent Linda et éclairent la cachette des enfants.
Homme 2 : Tiens, nos voleurs. Qu'est-ce que vous faites là ?
Homme 3 : Raus hier, sortez ! *Les enfants quittent leur cachette.* Mais… mais je rêve ! Mais… mais c'est Victor, et Malika, et Thomas, et Emma, et… et… et Christian. Toi ? Ici ? ? ?
Christian : Papa, papa ! *Il va dans ses bras.*
M. Beckmann : Mais comment vous êtes là ? C'est une grotte privée, ici.
Christian raconte l'histoire à son père.
Christian : Et toi, papa, pourquoi tu es là ?
M. Beckmann : Moi, je suis là pour mon travail. On tourne une scène dans la grotte pour un film policier.
Malika : Super. Et il raconte quoi, votre film ?
M. Beckmann : C'est l'histoire de voleurs espagnols qui cachent leur butin dans cette grotte.
Victor : Et leur butin, c'est le coffre avec les bijoux.
Linda : Alors, les bijoux, c'est des faux bijoux ! Et les hommes avec vous, c'est des faux voleurs !

---

7 **allumer** anmachen – 8 **un projecteur** Scheinwerfer – **rápido** vite – 10 **être mort,e de peur** Todesangst haben – 19 **un bras** Arm – 25 **un film policier** Krimi

M. Beckmann : Exact. M. Lopez et M. Rodriguez sont des acteurs espagnols. M. Lopez est aussi le propriétaire de la grotte. C'est pratique pour tourner le film : nous pouvons laisser notre matériel et nos pellicules ici.
Christian : Quelle histoire ! Incroyable… mais vraie !

19 « Tout est bien qui finit bien. »

Emma : Sortons maintenant ; ma mère sait pas où on est.
M. Beckmann : Oui, faisons vite.
Quand ils arrivent à l'entrée de la grotte, ils sont contents de voir enfin la lumière du jour. Ils vont à la police avec M. Beckmann. Mme Carbonne est là ; elle discute avec le policier.
A. Carbonne, *très triste* : Mais où est-ce qu'ils peuvent bien être ? On ne va jamais trouver les enfants.
Policier : Attendez encore un peu… Ne paniquez pas.
A ce moment, les enfants arrivent. Ils rient.
Policier : Quand on parle du loup, il sort du trou…
A. Carbonne : Oh, mes chéris ! Quel bonheur ! *Elle prend les enfants dans ses bras.* Vous allez bien ?
Thomas : Ouais, ça va. On est un peu fatigués.
A. Carbonne : C'est normal. Alors, votre promenade ?
Tous : Euh…
A. Carbonne : Mais vous êtes bien sales ! Dites-moi, vous arrivez d'où ?
Les enfants parlent tous ensemble.
Policier : Du calme ! Ne parlez pas tous ensemble, on ne comprend rien. Bon, allez-y, mais l'un après l'autre !
Tous : Oui, monsieur.
Emma : Et moi, je vais tout écrire dans mon journal… et je vais appeler mon histoire…
Malika : … DÉFENSE D'ENTRER !

---

9 **voir** sehen – 12 **triste** traurig – **ils peuvent** sie können – 16 **Quand on parle du loup, il sort du trou.** Wenn man vom Teufel spricht, dann kommt er. – 17 **le bonheur** Glück, Freude – 23 **d'où** woher

Pendant la lecture

Scène 1
1. Où vont Mme Carbonne et les enfants ?
2. Qui est Nouba ?
3. Pourquoi est-ce qu'Emma ne doit pas *(darf nicht)* parler de Nouba ?
4. L'histoire se passe dans la région de Nîmes.
    a) Cherchez la ville de Nîmes sur une carte de France.
    b) Comment s'appelle cette région ?
    c) Donnez le nom de quelques villes et villages voisins.

Scène 2
1. Vrai ou faux ?
    a) Mme Laroche propose du coca (comme apéritif).
    b) Le pastis est une boisson sans alcool.
2. Devinette : c'est un animal, il est mignon, il habite à Nîmes. Qui est-ce ?
3. Cherchez l'intrus. Quel mot n'appartient pas à la série ? L'apéritif • le sirop • l'eau • le pastis • la terrasse.

Scène 3
1. Où vont Georges et les enfants ? Pourquoi ?
2. Que fait Mme Carbonne ?
3. Qu'est-ce qu'elle va faire le lendemain *(am nächsten Tag)* ?

Scène 4
1. Vrai ou faux ? (Citez une phrase du texte.)
    a) Les Laroche vont au Pont du Gard.
    b) Les enfants sont fatigués et ne veulent pas se lever.
    c) Ils oublient Nouba quand ils partent.
2. Jeu de sons
    a) Cherchez sept mots avec le son (« An ») et trois mots avec le son (« Ain »).
    b) Avec 5 mots de votre liste, écrivez une courte histoire.

3. Cherchez l'intrus. Quel mot n'appartient pas à la série ?
La casquette • la serviette • le maillot de bain • la crème solaire • le pyjama.

Scène 5
1. Cherchez des informations sur le pont du Gard.
2. Pourquoi est-il si connu *(bekannt)* ?
3. Qu'est-ce qu'on peut faire au pont du Gard (4 idées) ?
4. Vous avez oublié une partie du pique-nique à Nîmes. Qu'est-ce que vous faites ? Racontez en quelques lignes.

Scène 6
Sketch : Jouez la scène 6.
Répartissez les rôles : l'un *(der eine)* joue la marchande, les autres jouent les enfants. Si vous voulez, vous pouvez changer le texte du dialogue.

Scènes 7 et 8
1. Qu'est-ce que les enfants lisent sur l'affiche ?
2. Complétez les phrases.
   a) Les enfants sont tristes parce que…
   b) Amélie ne veut pas entrer dans la propriété privée car…
   c) Pendant que *(während)* les enfants lisent l'affiche, …
3. Cherchez l'intrus. Quel mot n'appartient pas à la série ?
à droite • à gauche • après • tout droit • derrière • devant.
4. Vous ne trouvez plus Nouba. Qu'est-ce que vous faites ? Racontez en quelques lignes.

Scènes 9 et 10
1. Thomas fait une vacherie à Linda. Laquelle *(Welche)* ?
2. Comment est-ce que les jeunes veulent sortir Linda du trou ?
3. Qu'est-ce que Victor veut raconter aux autres ?
4. Jouez la scène 9 et le début de la scène 10.

Scène 11
1. Les stalactites ont des formes de
   ☐ de crocodiles ☐ de vaches ☐ de squelettes
2. Emma ne peut pas téléphoner parce
   ☐ qu'elle n'a pas de portable.
   ☐ que son portable ne marche pas dans la grotte.
   ☐ que son forfait *(Karte)* est vide.
3. Amélie et Thomas partent seuls dans la grotte. A votre avis, qu'est-ce qui va leur arriver ? Racontez.

Scène 12
Vrai ou faux ? (Citez une phrase du texte.)
1. Amélie aime bien Thomas.
2. Ils trouvent des bijoux dans la grotte.
3. Il y a des voleurs dans la grotte.

Scènes 13 et 14
Complétez.
1. Il y a beaucoup d'eau parce que…
2. Dans les coffres, il y a…
3. Victor ne trouve pas la lampe parce que…

Scène 15
Jouez le début de la scène 15. Victor est très en colère !

Scènes 16 et 17
A la fin de la scène 17, Linda éternue.
1. En groupes, inventez une suite courte sous forme de dialogue.
2. Jouez la scène

Scène 18
1. Qu'est-ce que M. Beckmann fait dans la grotte ?
2. Qui sont M. Lopez et M. Rodriguez ?

Après la lecture

1. Titre
Pourquoi est-ce que le livre s'appelle « Défense d'entrer » ?
Que pensez-vous de ce titre ?

2. Jeu du carnet de lecture
- Imaginez que vous êtes un personnage de l'histoire. A la fin de chaque scène, écrivez quelques lignes sur l'histoire vue par un personnage de ton choix.
- Vous pouvez faire ce jeu en équipes et faire un carnet commun à toute la classe. A la fin du livre, la classe a un vrai carnet de lecture !
- Vous pouvez aussi écrire deux carnets de lecture: les garçons écrivent l'histoire vue par Victor (ou Thomas ou…) et les filles l'histoire vue par Amélie (ou Emma ou…).

3. Jeu « Salade de titres »
Relis les titres des scènes. En groupes, écrivez une histoire courte avec quelques titres des scènes de « Défense d'entrer ! ».
Ex. : Quel long voyage ! Quand on arrive,…

4. Nîmes et sa région
a) En groupe, faites des recherches sur Nîmes et sa région.
   Groupe 1 : la Maison Carrée
   Groupe 2 : les Arènes
   Groupe 3 : les autres monuments romains de Nîmes / de la région
   Groupe 4 : les grottes de la région
   Ce site peut vous aider dans vos recherches :
       www.ot-nimes.fr/visites.html
   Puis présentez vos résultats à la classe.
b) Si vous le souhaitez, vous pouvez aussi réaliser un prospectus sur la ville de Nîmes !